ARCHITEKTUR OHNE ARCHITEKTEN

»Architecture Without Architects« wurde erstmals 1964
vom Museum of Modern Art, New York, publiziert.
Weitere Ausgaben erschienen 1969 bei Doubleday, New York, und
1987 bei University of New Mexico Press.
© 1964 by Bernard Rudofsky,
© 1989 by Berta Rudofsky.
Copyright für die deutsche Übersetzung © 1989 Residenz Verlag,
Salzburg und Wien.
Printed in Austria by Druckhaus Nonntal Ges.m.b.H., Salzburg
ISBN 3-7017-0565-8

Bernard Rudofsky
ARCHITEKTUR OHNE ARCHITEKTEN

Eine Einführung in die anonyme Architektur

Aus dem Englischen von Regina Haslinger und Berta Rudofsky

RESIDENZ VERLAG

Volkstümliche Architektur hat nichts mit Mode zu tun: Sie ist fast statisch, ja man kann sie nicht einmal verbessern, da sie ihren Zweck perfekt erfüllt. Meistens ist der Ursprung bodenständiger Bauformen und Konstruktionsmethoden längst verlorengegangen. Unten: charakteristische Mittelmeer-Häuser.

1

Vorwort

Die Geschichte der Architektur, wie sie im Westen geschrieben und gelehrt wird, hat sich nie mit mehr als einigen auserwählten Kulturen beschäftigt. Räumlich umfaßt sie bloß einen kleinen Teil der Erde: Europa und einige Landstriche Ägyptens und Anatoliens oder wenig mehr, als von der Welt im 2. Jahrhundert n. Chr. bekannt war. Überdies wird die Entwicklung der Architektur gewöhnlich nur in ihren späten Phasen behandelt. Nachdem die Geschichtsschreiber die ersten fünfzig Jahrhunderte übersprungen haben, setzen sie uns ein historisches Schauspiel »formaler« Architektur vor. Diese Art der Einführung in die Baukunst ist so willkürlich, als ob man die Geburt der Musik mit dem Auftreten des Symphonie-Orchesters datieren würde. Obzwar eine Erklärung, wenn auch keine Entschuldigung für diese Negierung der frühen Zeitabschnitte in den nur spärlich vorhandenen architektonischen Monumenten gefunden werden kann, ist die abweisende Einstellung der Historiker hauptsächlich auf ihre Engherzigkeit zurückzuführen. Außerdem ist die Voreingenommenheit der uns bekannten Architekturgeschichte auch auf sozialem Gebiet spürbar. Es handelt sich dabei um nicht viel mehr als ein »who's who« der Architekten, welche Macht und Reichtum verewigten; eine Anthologie von Bauten, von Privilegierten für Privilegierte – Häuser von wahren und falschen Göttern, von Handels- und Adelsherren – ohne auch nur ein Wort über die Häuser der kleinen Leute. Solch eine Präferenz der edlen Architektur und des Architektur-Adels, die alle anderen Erscheinungsformen ausschließt, mag noch vor einer Generation verständlich gewesen sein, als die Überbleibsel und Ruinen alter Bauten dem Architekten das einzige Vorbild waren (von dem er hemmungslos und nach Gutdünken Gebrauch machte); aber heute, wo das Nachahmen historischer Formen im Abnehmen ist, wo Banken und Bahnhöfe, um Vertrauen einzuflößen, nicht unbedingt Gebeten in Stein gleichen müssen, erscheint solch selbstauferlegte Einschränkung absurd.

Architektur ohne Architekten versucht, uns von der begrenzten Vorstellung, die wir von der Kunst des Bauens haben, zu befreien, indem sie uns mit der ungewohnten Welt einer Architektur ohne Stammbaum bekannt macht. Von dieser Architektur wissen wir so wenig, daß wir nicht einmal einen Namen für sie haben. Mangels einer generischen Bezeichnung nennen wir sie je nachdem einheimisch, anonym, spontan, bodenständig oder ländlich. Leider ist unsere Auffassung von anonymer Architektur wegen der Spärlichkeit der Dokumentierung verzerrt. Im Gegensatz zu den Archäologen, die sich glücklich schätzen, wenn sie auf die Spuren einer Stadt stoßen, obwohl diese nur bis zum 3. Jahrtausend v. Chr. zurückreichen, sind wir über die künstlerischen Bestrebungen und die technische Leistungsfähigkeit von Malern, die dreißigtausend Jahre vor unserer Zeit lebten, verhältnismäßig gut informiert. Da die Frage nach den Anfängen der Architektur nicht nur legitim, sondern auch entscheidend für das Thema dieses Buches* ist, soll, wenn auch nur flüchtig, auf alle möglichen Quellen hingewiesen werden.

Eine Nation, die auf die Bibel schwört, sieht sie auch als unvergleichlich wichtiges Nachschlagewerk an. Allerdings überraschen uns manche Aussagen der Heiligen Schrift in bezug auf die Architektur; zum Beispiel, wenn wir erfahren (Genesis IV:17), daß Adams Sohn Kain eine Stadt baute, die er nach seinem Sohn Enoch benannte. So hübsch es auch klingen mag, eine Einfamilienstadt ist ein äußerst extravagantes Unternehmen, das sicher im Laufe der Geschichte nicht wiederholt worden ist. Falls es irgend etwas beweist, so zeigt es den atemberaubenden Fortschritt innerhalb einer einzigen Generation, und zwar von der gesegneten Schlaraffenland-Existenz im Para-

---

* Dieses Buch wurde im Zusammenhang mit der Ausstellung »Architecture Without Architects« im Museum of Modern Art, New York 1964, geschrieben.

dies zu dem hoffnungslos komplizierten Organismus einer Stadt. Skeptiker, die die Figur des Enoch als Chimäre übergehen, werden der Arche Noah mehr Bedeutung zugestehen, besonders in Anbetracht der Tatsache, daß diese von Gott selbst in Auftrag gegeben und nach seinen Anordnungen gebaut wurde. Die Frage, ob man die Arche Noah ein Haus oder ein Schiff nennen soll, erübrigt sich. Die Arche Noah hatte keinen Kiel, eine Errungenschaft späterer Jahre. So können wir mit Sicherheit annehmen, daß Schiffe zu jener Zeit unbekannt waren, zumal deren Existenz den Zweck der Sintflut vereitelt hätte. Als Noah auf dem Berg Ararat landete, war er 601 Jahre alt, ein Mann jenseits der Blüte seines Lebens. Er zog es vor, den Rest seiner Tage dem Weinbau zu widmen und überließ das Bauen seinen Söhnen. Die Bibel erwähnt (Genesis IX:27) Sems Hütte, die vermutlich aus dem Holz der Arche gezimmert worden war; der Niedergang der Architektur war damit besiegelt.

Die Gottlosen, die sich auf ihrer Suche nach den Ursprüngen der Architektur lieber der Wissenschaft anvertrauen, werden über einige unliebsame Tatsachen nicht hinwegsehen können. Denn es scheint, daß lange bevor der erste unternehmungslustige Mensch begann, Äste zu einem undichten Dach zurechtzubiegen, viele Tiere bereits vollkommen ausgelernte Baumeister waren. Es ist unwahrscheinlich, daß Biber auf die Idee kamen, einen Damm zu bauen, nachdem sie den Menschen dabei zugesehen hatten. Wahrscheinlich war es umgekehrt. Es ist sogar sehr wahrscheinlich, daß der Mensch den ersten Ansporn, ein Obdach zu bauen, von seinen Vettern, den Menschenaffen, erhielt. Darwin beobachtete, daß die Orang-Utans auf den Inseln im Fer-

2

Nordamerikanische Baumbewohner. Die Vertreibungsszene ist aus Erasmus Franciscis *Lustgarten*, 1668.

Schwimmendes Dorf, China. Aus Erasmus Franciscis *Lustgarten*, 1668.

nen Osten und die Schimpansen in Afrika Lager bauen, auf denen sie schlafen, »und da beide Gattungen dieselben Gewohnheiten pflegen, könnte man daraus schließen, daß sie einem natürlichen Instinkt folgen. Trotzdem können wir nicht sicher sein, ob dieser Gewohnheitstrieb beider Tiere nicht das Ergebnis ähnlicher Bedürfnisse und ebensolcher Überlegungsfähigkeit ist«.

Ungezähmte Affen teilen nicht das menschliche Bedürfnis, Schutz in einer Höhle oder unter einem vorstehenden Felsen zu suchen, sondern ziehen eine luftige, selbstangefertigte Behausung vor. In einem anderen Zusammenhang schreibt Darwin in *Die Abstammung des Menschen*, daß sich der Orang-Utan in der Nacht mit den Blättern der Schraubenbaumgewächse zudeckt; und Brehm bemerkte, daß einer seiner Paviane »gewohnt war, sich vor der Sonnenhitze zu schützen, indem er sich eine Strohmatte über den Kopf warf. In diesen Gewohnheiten«, so folgerte er, »sehen wir wahrscheinlich die ersten Schritte in Richtung einfacherer Kunstfertigkeiten, etwa *primitive Architektur* und Kleidung, wie sie bei den frühen Vorfahren des Menschen entstanden sind«. (Hervorhebung von mir.) Der Vorstadtmensch, der neben seinem Rasenmäher einschläft und sich einen Teil seiner Sonntagszeitung über den Kopf zieht, wiederholt auf diese Art die Geburt der Architektur.

Schon bevor Mensch und Tier den Fuß auf die Erde setzten, gab es eine Art von Architektur, die von den ursprünglichen Kräften der Schöpfung grob geformt und gelegentlich von Wind und Wasser zu eleganten Strukturen verfeinert wurde *(Abb. 19)*. Vor allem natürliche Höhlen machen uns großen Eindruck. Höhlen, die dem Menschen als eine seiner ersten Wohnstätten dienten, werden vielleicht auch seine letzte sein. Jedenfalls wurden sie in weiser Voraussicht zum Aufbewahrungsort unserer meistgeschätzten Erzeugnisse, nämlich Regierungs- und Wirtschaftsakte, auserwählt. Es liegt jedoch nicht im Rahmen dieser Arbeit, eine geschichtliche Abhandlung oder eine skizzenhafte Typologie jener Architektur ohne Stammbaum zu bieten. Dieses Buch soll vielmehr helfen, uns aus der begrenzten Welt offizieller und kommerzieller Architektur zu befreien.

Obwohl die westliche Welt exotischen Künsten schon längst Anerkennung zollt, nicht ohne sie vorsichtshalber »primitiv« zu schimpfen, hat exotische Architektur (das Wort »exotisch« wird hier in seiner ursprünglichen Bedeutung, nämlich »fremd«, verwendet) keinen Widerhall gefunden, sondern wird noch immer auf die Seiten geographischer und anthropologischer Zeitschriften verbannt. Abgesehen von einigen örtlich begrenzten Studien und verstreuten Aufzeichnungen, gibt es keine Literatur zu diesem Thema. In letzter Zeit, da die Kunst des Reisens die Verwandlung in einen Wirtschaftszweig erlitt, hat sich der Reiz von Ansichtskarten-Städten und die beliebte Architektur von »Märchen-Ländern« als sehr anziehungskräftig erwiesen. Trotzdem ist unser Verhalten unverkennbar herablassend geblieben.

Zweifellos überwiegen bei meinen Fotografien die malerischen Elemente, doch ist dieses Buch weder ein Kuriositätenalbum, noch ist es ein Reiseführer, außer vielleicht in dem Sinn, daß es den Ausgangspunkt zum Erkunden unserer architektonischen Vorurteile darstellt. Es ist zugegebenermaßen polemisch, die Klarheit der Architektur in sogenannten unterentwickelten Ländern mit der Architektur-Seuche in den Industrieländern, wenn auch nur andeutungsweise, zu vergleichen. Während in der orthodoxen Architekturgeschichte jeweils das Werk des einzelnen Architekten hervorgehoben wird, fällt hier die Betonung auf das gemeinschaftliche Unternehmen. Pietro Belluschi definiert die kollektive Architektur als »eine gemeinschaftliche Kunst, die nicht das Produkt einiger weniger Intellektueller oder Spezialisten ist, sondern die aus der spontanen und fortdauernden Tätigkeit eines ganzen, von einem gemeinschaftlichen Erbe getragenen Volkes, das unter dem Einfluß einer gemeinsamen Erfahrung handelt, entstanden ist«. Man kann einwenden, daß diese Kunst keinen Platz in einer ungeschlachten Zivilisation hat; aber selbst wenn es so wäre, sollte uns die Erkenntnis, die aus dem Studium dieser Architektur zu gewinnen ist, nicht völlig verlorengehen.

Von der Architektur, bevor sie zur Kunst des Fachmannes wurde, gibt es viel zu lernen. Die unverbildeten Baumeister in Raum und Zeit – die Protagonisten dieses Buches – zeigen ein bewundernswertes Talent, Bauten in die natürliche Umgebung einzugliedern. Anstatt die Natur zu »erobern«, wie wir es tun, begrüßen sie die Wechselhaftigkeit des Klimas und die Herausforderung der Topographie. Während wir an flachem, gesichtslosem Land Gefallen finden (jegliche Unebenheiten im Gelände sind mit Hilfe einer Planierraupe leicht zu entfernen), fühlen sich erfahrenere Menschen von einer zerklüfteten Landschaft mehr angezogen. Tatsächlich zögern sie nicht, sich die kompliziertesten Konfigurationen in der Landschaft auszusuchen. Die waghalsigsten unter ihnen sind dafür bekannt, daß sie wahrhafte Adlernester als Bauplatz wählten – Machu Picchu, Monte Alban, die felsigen Bastionen der Möncherepublik auf dem Berg Athos, um nur einige wohlbekannte zu nennen.

Ohne Zweifel kann man die Vorliebe für schwer zugängliche Bauplätze auf den Wunsch nach Sicherheit zurückführen, aber vielleicht mehr noch auf das Verlangen, eine Niederlassung abzugrenzen. Viele Städte in der Alten Welt sind noch von Gräben, Lagunen, Hängen oder Mauern fest umschlossen, auch wenn diese schon seit langem ihren Zweck zur Verteidigung verloren haben. Obwohl die Mauern kein Hindernis für Eindringlinge darstellen, sind sie als Schutz vor unerwünschter Ausdehnung nötig. Das Wort Urbanität selbst ist damit verbunden, denn lateinisch heißt *urbs* ummauerte Stadt. Demnach muß eine Stadt, die Anspruch erhebt, ein Kunstwerk zu sein, begrenzt sein wie ein Bild, ein Buch oder ein Musikstück. Da wir in städtebaulicher Familienplanung nicht bewandert sind, strapazieren wir unsere Kräfte mit architektonischer Vermehrung. Unsere Städte mit ihrem Anschein von Zwecklosigkeit

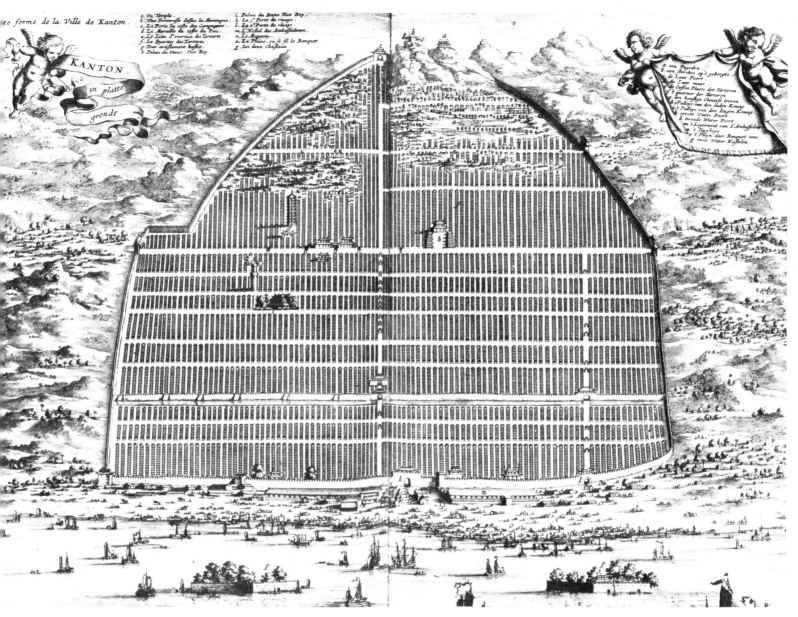

4   Stadtplan von Kanton, China. Aus *L'Ambassade de la Compagnie Orientale*, 1665.

wachsen unkontrolliert weiter – ein architektonisches Ekzem, das jeder Behandlung trotzt. Nachdem wir von den Pflichten und Privilegien der Leute, die in älteren Zivilisationen leben, nichts wissen und da wir Chaos und Häßlichkeit als unser vorherbestimmtes Schicksal betrachten, neutralisieren wir alle etwaigen Zweifel über die Eingriffe der Architektur in unser Leben mit lahmen Beteuerungen, die an niemand bestimmten gerichtet sind. Teilweise beruhen unsere Schwierigkeiten auf unserer Neigung, den Architekten oder in diesem Fall allen Spezialisten besondere Einsicht in unsere Lebensprobleme zuzuschreiben, obwohl sich in Wirklichkeit die meisten nur mit ihrem persönlichen Gewinn und Ansehen befassen. Darüber hinaus wird die Lebenskunst in unserem Land weder unterrichtet noch gefördert. Wir halten sie für eine Art Ausschweifung, ohne uns klar zu sein, daß ihre Grundsätze auf Sparsamkeit, Reinlichkeit und einem allgemeinen Respekt vor dem Schaffen beruhen, von der Schöpfung ganz zu schweigen.

In nicht geringem Maße wurde dieser Zustand durch die Emsigkeit der Geschichtsschreiber hervorgerufen. Indem sie beständig die Rolle der Architekten und ihrer Auftraggeber hervorheben, vernachlässigen sie die Talente und Leistungen der anonymen Baumeister, deren Vorstellungen manchmal ans Utopische grenzen, deren Ästhetik sich einer geistigen Verklärung nähert. Lange wurde die Schönheit dieser Architektur als Zufallsprodukt abgetan, doch heute sollten wir imstande sein, sie als Resultat von selten gutem Verständnis im Umgang mit praktischen Problemen zu erkennen. Die Formen der Häuser, manchmal durch hundert Generationen überliefert (Abb. 146) sind, wie die der Werkzeuge, von bleibendem Wert.

Vor allem ist es die Menschlichkeit dieser Architektur, die Widerhall in uns finden sollte. Zum Beispiel kommt es uns einfach niemals in den Sinn, Straßen in Oasen statt in Wüsten zu verwandeln. In Ländern, wo deren Funktion noch nicht auf Autobahnen und Parkplätze reduziert worden ist, gibt es eine Menge von Einrichtungen, die die Straßen menschengerecht machen: Laubengänge und Markisen (das heißt Marki-

5

Skelettbau, Modul-Komponenten, offener Grundriß, Schiebewände sind seit Jahrhunderten traditionelle Bestandteile der japanischen Architektur. Detail einer Buch-Illustration aus dem 18. Jahrhundert.

sen, die sich über die ganze Breite einer Straße ausdehnen), zeltartige Strukturen oder ständige Überdachungen. Alle diese Einrichtungen sind charakteristisch für den Orient oder für Länder mit orientalischem Erbe, wie Spanien. Die edelsten Straßenüberdeckungen, ein greifbarer Ausdruck bürgerlicher Zusammengehörigkeit oder, besser gesagt, Menschenfreundlichkeit, sind Arkaden. In unseren Breiten geht ihre einzigartig einschmeichelnde Aufgabe weit darüber hinaus, Zuflucht vor den Elementen zu bieten und Fußgänger vor Verkehrsgefahren zu bewahren. Abgesehen davon, daß sie die Straßen einheitlich gestalten, übernehmen sie auch oft die Stellung des einstigen Forums. In ganz Europa, Nordafrika und Asien trifft man auf Arkaden, weil sie der »formalen« Architektur einverleibt wurden. Die Straßen von Bologna, um nur ein Beispiel zu nennen, werden von fast zweiunddreißig Kilometern »portici« begleitet.

Eine weitere spezifische Erscheinung der volkstümlichen Architektur ist die Vorratskammer für Lebensmittel. In Kulturen, in denen man die Nahrung noch als Gottesgabe und nicht als industrielles Produkt ansieht, wird auch die Architektur der Kornspeicher ernstgenommen; so sehr, daß die Uneingeweihten sie für kirchliche Gebäude halten. Auch wenn sie von geringem Ausmaß sind, wirken die Speicher monumental, sei es nun auf der Iberischen Halbinsel, im Sudan oder in Japan. Angesichts ihrer überwältigenden stilistischen Reinheit und ihres kostbaren Inhalts bezeichnen wir sie als quasiheilig.

Neben der hochentwickelten bodenständigen Baukunst und der verfeinerten volkstümlichen Architektur Zentraleuropas, des Mittelmeerraumes, Süd- und Ostasiens sowie der eigentlichen primitiven Architektur befaßt sich dieses Buch auch mit Spielarten wie »Architektur durch Weglassen« oder »bildhauerische Architektur« mit Beispielen von Höhlenwohnungen und freistehenden Bauten, die aus dem Felsen herausgemeißelt und ausgehöhlt wurden. Die rudimentäre Architektur ist durch Windschutzschirme vertreten, die manchmal gigantische Dimensionen erreichen. In Japan schützen, umgeben sie ein Haus, einen Marktplatz oder sogar ein ganzes Dorf. Von der Nomadenarchitektur werden tragbare Häuser, Hausboote und Zelte gezeigt. Als Musterbeispiel industrieller Architektur sind Wasserräder sowie Taubenschläge, jene lebenswichtigen Düngerfabriken, angeführt. Da wir Ideen gering schätzen, aber Erfindungen hoch schätzen, wird uns wahrscheinlich die Konstruktion dieser Architektur besser gefallen als deren Ästhetik.

Wir erfahren weiters, daß viele kühne »primitive« Lösungen unseren beschwerlichen Technologien zuvorkamen, daß viele Errungenschaften der letzten Jahre, wie Präfabrikation, Standardisierung von Baubestandteilen, biegsame und bewegliche Strukturen und insbesondere Bodenheizung, Klimaanlage, Lichtkontrolle bis hin zu Fahrstühlen, ein alter Hut sind. Ebenso kann man die Annehmlichkeiten in unseren Häusern mit dem unangepriesenen Komfort einer afrikanischen Wohnarchitektur vergleichen, die für einen angesehenen Mann sechs separate Behausungen für seine sechs Ehefrauen vorsieht. Oder wir werden herausfinden, daß lange bevor sich moderne Architekten mit der optimistischen Vorstellung trugen, daß unterirdische Städte uns vor den Gefahren zukünftiger Kriege schützen könnten, solche Städte bereits existierten, sogar heute noch existieren, auf mehr als einem Kontinent.

Eine gute Portion Ironie liegt in der Tatsache, daß der Stadtbewohner, um seinen physischen und geistigen Verfall aufzuhalten, regelmäßig sein raffiniert ausgestattetes Heim flieht, um Seligkeit in dem zu suchen, was er für eine primitive Umwelt hält;

Von *Nihon Tsiri Fusuoku*, 1936

Die alte, einem schlecht gedruckten Buch entnommene Fotografie eines ehemaligen Friedhofes auf Okinawa ist ein typisches Beispiel für jene Art von Illustration, die durch ein gutes neues Bild nicht ersetzt werden kann. In der Regel hat das architektonische Objekt unter Verfall, Verunstaltung oder Restaurierung gelitten, falls es nicht schon gänzlich vom Erdboden verschwunden ist. Selbst wenn es noch intakt wäre, würde keine Stiftung, kein Mäzen die Kosten für die Reise zu einem architektonischen Werk tragen, das nicht bereits durch ausreichende Dokumentation einen Platz in der Kunstgeschichte erworben hätte. Worauf es mir ankommt, ist, daß dieses Bild trotz seiner technischen Fehler eine seltene, um nicht zu sagen kostbare architektonische Landschaft zeigt, ohne solch prosaische Elemente wie Häuser und Straßen.

in einer Hütte, einem Zelt oder, falls er etwas mehr weltoffen ist, in einem Fischer- oder Bergdorf im Ausland. Trotz seiner Sucht nach technischem Komfort hängt die Gelegenheit, sich zu entspannen, gerade von dessen Fehlen ab. Nach logischer Überlegung kommt man zu dem Schluß, daß das Leben unter althergebrachten Bedingungen seine Vorzüge hat. Statt einiger täglicher Fahrtstunden sind es nur einige Stufen, die die Werkstatt oder das Arbeitszimmer eines Menschen von der Wohnung trennen. Da er selbst dazu beigetragen hat, seine Umgebung zu gestalten und vor der Außenwelt zu bewahren, scheint er ihr auch niemals überdrüssig zu werden. Außerdem hat er für Verbesserungen nichts übrig. Genauso wie das Spielzeug eines Kindes kein Ersatz für menschliche Zuneigung sein kann, können technische Errungenschaften dem Menschen kein Ausgleich für einen Mangel an Lebensqualität sein.

Nicht nur verstehen die unbekannt gebliebenen Baumeister die Notwendigkeit, das Wachstum einer Gemeinde einzuschränken, sie sind sich wohl auch der *Grenzen* der Architektur selbst bewußt. Selten unterwerfen sie die allgemeine Wohlfahrt dem Streben nach Fortschritt und Gewinn. In dieser Beziehung stimmen sie mit den Philosophen überein. Um Huizinga zu zitieren: »Die Annahme, daß jede Neuentdeckung oder Verfeinerung bestehender Umstände Aussicht auf höhere Werte oder größeres Glück verspricht, ist ein äußerst naiver Gedanke ... Es ist nicht im geringsten widersinnig zu sagen, daß eine Kultur an wirklichem und greifbarem Fortschritt scheitern kann.«

Der Beweggrund dieses Buches war die Auffassung, daß Philosophie und *Know-how* der anonymen Baumeister die größte unangezapfte Quelle architektonischer Anregung für den industriellen Menschen bedeuten. Die Lehre, die daraus gewonnen werden kann, reicht weit über ökonomische und ästhetische Erwägungen hinaus, da sie das viel härtere und immer schwieriger werdende Problem berührt: wie man lebt und leben läßt, wie man Frieden hält mit seinen Nachbarn, im engeren wie auch im weiteren Sinn.

7

Die Amphitheater von Muyu-uray

Anonyme Architektur von monumentaler Größe, die sowohl dem Laien als auch dem Gelehrten unbekannt ist, kann man direkt auf dem amerikanischen Kontinent finden. In Peru, auf halbem Wege zwischen Cuzco und Machu Picchu, liegt eine Gruppe antiker Theater, die nirgendwo ein Gegenstück hat. Von dem Inka-Stamm der Maras gebaut, besteht sie aus vier runden und einem in der Form eines Pferdehufes gebauten Theatern. Wie anzunehmen, haben alle fünf Theater eine ausgezeichnete Akustik.

Die Umrisse der Architektur wurden von den Elementen zerstört und die Gegend in Weide- und Ackerland verwandelt. Dennoch ist die ursprüngliche Struktur verhältnismäßig gut erhalten geblieben. Das größte Theater – wahrscheinlich in einen Meteor-Krater hineinversetzt – faßte an die 60.000 Besucher. Zwölf seiner Terrassen, jede etwa 1,80 m hoch und 7 m breit, bestehen noch heute. Die tiefst gelegene kreisrunde Bühne der vier Theater, welche der griechischen Orchestra entspricht, variiert im Durchmesser von 25 bis 40 m. Die in Steinmonolithen gemeißelten 30 cm breiten Wasserrohre brachten Quellwasser von einem nahen Berggipfel.

Obwohl nichts über die Art der Aufführungen in diesem Theater bekannt ist, können wir annehmen, daß athletische Darbietungen, wie Boxen, Springen, Wettlaufen und Tierhetzjagden, die theatralischen überwogen. Peruanische Archäologen meinen, daß die »unbeschreibliche Schönheit« dieser Landschaft (etwa 3665 m über dem Meeresspiegel) eine inspirierende Rolle bei diesem grandiosen Unternehmen gespielt hatte. Bis jetzt ist dieser Platz von der verheerenden Wirkung des Tourismus verschont geblieben.

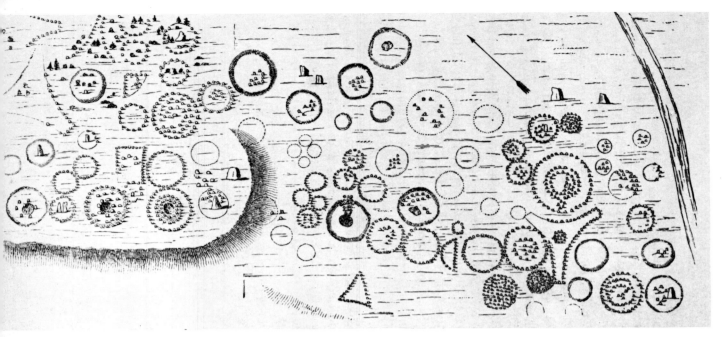

Totenhäuser

Große Baumeister ziehen keine Grenze zwischen Bildhauerei und Architektur. Die Skulptur ist nicht ein zusätzliches, zweitrangiges Element; dasselbe trifft auch auf die Landschaftsgestaltung zu. Alle drei sind untrennbar und müssen aus einem Guß sein.

Die von Steinplatten geformten geometrischen Figuren kennzeichnen das Schlachtfeld von Bråvalla in Schweden. Soviel wir wissen, mag die Schlacht niemals stattgefunden haben. Da uns aber in diesem Fall die Geschichte nicht interessiert, können wir uns erlauben, die Gestaltung dieses Kriegerdenkmals zu bewundern. Es ist zweifellos anspruchsvoller als etwa die Entwürfe für die vierhundert Bronze- und Marmormonumente des Schlachtfeldes von Gettysburg.

Eine Teilansicht von gegliederten Reihen in der Gemeinde Morbihan in der Nähe von Carnac, Bretagne. Die Gegend ist reich an vorgeschichtlichen Steinmonumenten: Tumuli (Grabhügel), Dolmen (vorgeschichtliche Steingrabmäler) und 2500 Menhire (Druidensteine).

Die Luftansicht von Friedhöfen in der Nähe der Stadt Lanzhou in der chinesischen Provinz Kansu erinnert an Isamu Noguchis Modelle für seine »konturierten Spielplätze«, welche eher der Auffassung eines Bildhauers als der eines Architekten von der Art, wie man die Oberfläche einer Landschaft verbessert, entspricht. Ebenso wie in anderen Zivilisationen (siehe nächste Seite), wurden die Häuser für die Toten viel massiver gebaut als die für die Lebenden.

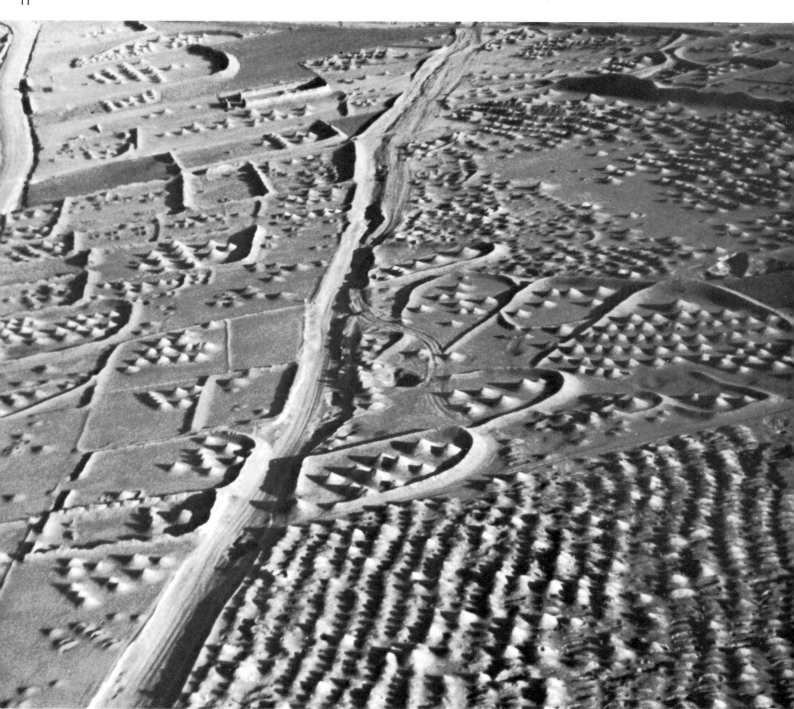

12

Ordeks Nekropolis
Diese zersplitterte Architektur, die aussieht wie das Modell einer preisgekrönten Einsendung zu einem Bildhauer-Wettbewerb, entpuppt sich wahrhaftig als großartiges Monument. Obwohl davon nur eine Ruine übriggeblieben ist, bildet der Wald von wilden Pappelpfählen nichtsdestoweniger eine eindrucksvolle Komposition, deren ursprüngliche Gestaltung durch die zersetzende Wirkung des vom Wind aufgewirbelten Sandes beträchtlich verbessert wurde. Der Hügel, der angeblich zahllose Särge sowie Gold- und Silberschätze in seinem Inneren barg, wurde vor einigen dreißig Jahren in Sikiang von Ordek, einem von Sven Hedins türkischen Dienern, der es liebte, gelegentlich auf eigene Faust nach Funden zu graben, entdeckt.

Die Höhlenstadt von Pantalica

Dauerhaftigkeit und Vielseitigkeit sind Charakteristika der Volksarchitektur. Die einfachen Räume, deren Eingänge auf diesem Bild auszunehmen sind, wurden von den *Siculi*, die vor ungefähr 3000 Jahren Sizilien bewohnten, in die fast senkrechten Hänge des Anapo-Tales gemeißelt. Während sie ursprünglich als Grabstätten einer angrenzenden vorgeschichtlichen Stadt dienten, wurden sie im Mittelalter zu Wohnstätten umgewandelt. Gewöhnlich bestehen sie aus mehrstöckigen Wohnungen, die durch innere Gänge miteinander verbunden sind. Ähnliche Behausungen findet man über ganz Sizilien verstreut – in der Nähe von Siculiana, Caltabelotta und Raffadeli; westlich des Ätna, bei Bronte und Maletto; zwischen Syrakus und Cap Santa Croce; vor allem im Tal von Ispica, nahe von Modica.

Troglodytismus

Troglodytismus bedeutet nicht notwendigerweise ein niedriges kulturelles Niveau. Die Vorstellung vom Höhlenbewohner, der seine Frau an den Haaren hinter sich herzieht, ist nichts anderes als ein Karikaturisten-Klischee. Es veranschaulicht eher die Sehnsucht nach vergangenen Zeiten, als daß es ein Abbild über die Art von Menschen vermittelte, die es vorziehen, unterhalb der Erde zu wohnen. Außerdem unterscheiden sich unterirdische Anlagen nicht weniger voneinander als gängigere Behausungen.

Die unregelmäßigen Löcher in der Oase von Siwah in Ägypten sind Eingänge zu einer Grabstätte, die in Wohnungen umgewandelt wurde. Damit verglichen sind die Höhlenwohnungen auf der gegenüberliegenden Seite höchst anspruchsvolle Architektur.

Gegenüber: Die Teilansicht eines unterirdischen Dorfes in der Nähe von Luoyang im nördlichen China. Man muß ein zweites Mal hinsehen, um zu erkennen, daß das, was wie flache Dächer aussieht, nackte Erde ist, in der nur einige wenige Bäume stehen. Jeder Raum hat eine aus dem Boden ausgehöhlte gewölbte Decke, wobei das Dach eine Draufgabe ist.

Wohnungen unten, Felder darüber

Eine der radikalsten Lösungen der Obdach-Frage wird durch die unterirdischen Städte und Dörfer in der chinesischen Löß-Zone vertreten. Löß ist getrockneter, vom Wind beförderter und abgelagerter Schlamm. Dank seiner weichen Konsistenz und hohen Porosität (45%) läßt er sich leicht bearbeiten. An manchen Stellen wurden Straßen durch die Beanspruchung von Rädern bis zu 12 m tief in das Niveau gegraben. In den Provinzen von Henan, Shanxi, Shaanxi und Gansu leben etwa zehn Millionen Menschen in Wohnungen, die aus Löß ausgehöhlt wurden.

Die Fotografien zeigen Siedlungen in der Nähe von Tongguan (Henan) von strengstem, um nicht zu sagen abstraktem Design. Die dunklen Quadrate in der flachen Landschaft sind Gruben mit einem Ausmaß von etwas unter 500 m², was ungefähr der Größe eines Tennisplatzes entspricht. Ihre vertikalen Wände sind etwa 7,5 bis 9 m hoch. Die L-förmigen Treppenläufe führen zu darunterliegenden Wohnungen, deren Zimmer etwa 9 m lang und 4,5 m breit sind, während ihre Höhe etwa 4,5 m bis zum höchsten Punkt der gewölbten Decke beträgt. Sie werden durch

Öffnungen, die auf den Innenhof gehen, beleuchtet und entlüftet. »Man kann den Rauch von den Feldern aufsteigen sehen«, schreibt George B. Cressey in seinem Buch *Das Land der 500 Millionen: Eine Geographie von China,* obwohl nirgends ein Haus zu sehen ist; »solch ein Land ist doppelt nützlich, mit Wohnungen unten und Feldern darüber«. Die Wohnungen sind rein und frei von Ungeziefer, warm im Winter und kühl im Sommer. Nicht nur Wohnungen, sondern auch Fabriken, Schulen, Hotels und Regierungsämter sind zur Gänze unterirdisch angelegt.

19

Die Natur als Architekt

Unsere Neigung, hängende Tropfsteinhöhlen mit Kathedralen zu vergleichen oder in den von der Witterung zerklüfteten Felsen Burgen zu sehen, verrät weder ungewöhnliche Vorstellungskraft noch künstlerischen Scharfsinn. *Ciudad Encantada,* die Verzauberte Stadt, etwa 193 km östlich von Madrid, ist aus Kreideablagerungen gebildet, die sich über 200 km² erstrecken. Die phantastischen, kühn herausragenden Formationen bieten einen erstaunlichen Anblick, der keineswegs phantasievoller Vergleiche mit Architektur bedarf, um Anerkennung zu finden.

20

Der Affenbrotbaum im tropischen Afrika, *Adansonia digitata*, erreicht zuweilen einen Durchmesser von 9 m. Da sein Holz weich ist, werden die lebenden Bäume oft ausgehöhlt und als Wohnungen benützt.

Architektur durch Wegnehmen
Gelegentlich haben Menschen ganze Städte aus Felsen oberhalb der Erde gemeißelt. Die Wälle, das Schloß und die Häuser von Les Baux-en-Provence wurden zum Großteil aus dem Kalkberg, auf dem sie stehen, gehauen. Ein wichtiger Ort im Mittelalter, aber nun schon seit langem verlassen; die Anzahl seiner Bewohner ist auf 250 gesunken. Unten ist die Ruine eines freistehenden Hauses abgebildet.

Gegenüber: Eine Nahaufnahme eines der von der Natur geformten Göreme-Kegel (siehe Abb. 48). Ihre Größe schwankt zwischen der eines Zeltes und der eines kleinen Wolkenkratzers, mit nicht weniger als 16 Stockwerken.

Grundrißpläne des Gebäudes, das Simeon der Stylit im 5. Jahrhundert n. Chr. bewohnte, sind rechts abgebildet. Das unterste Stockwerk enthielt seine Privatkapelle. Darüber lagen seine Wohnräume mit einem Kamin und Möbeln aus Stein.

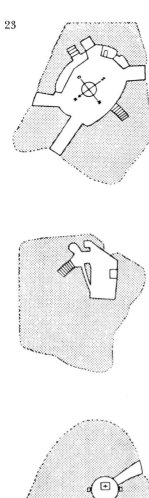
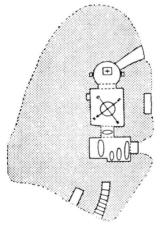

23

24

Fortsetzung der Architektur durch Wegnehmen
Diese Kirchen von drei Kontinenten sind keine »Gebäude« im engen Sinn des Wortes; auch sie sind aus dem Felsen gehauen. Unten: Eine Abbildung der monolithischen Kirche von Saint-Emilion (Gironde) aus dem 19. Jahrhundert. Rechts oben eine Kirchenfassade in Göreme (Anatolien), die aus ungefähr derselben Zeit stammt. Rechts unten die St.-George-Kirche in Lalibela (Äthiopien), aus dem Fels gemeißelt wie eine Skulptur und nachher ausgehöhlt.

26

27

Seit den Hängenden Gärten der Semiramis bis zu den letzten Dammbau-Projekten hat die Bodenkultur mit der Architektur gewetteifert, wenn es galt, das Land zu gestalten. Mit der Errichtung der ersten Mauer, die wahrscheinlich dazu diente, Wasser oder Erde zurückzuhalten, hat der Mensch einen Raum nach menschlichem Maß geschaffen. Stein auf Stein aufeinander zu schichten, war ein ungeheurer Fortschritt gegenüber Felsen meißeln. Oben: Terrassen in den Löß-Gebieten von Henan (China). Unten: Schutzmauern in einem Weingarten auf den Kanarischen Inseln.

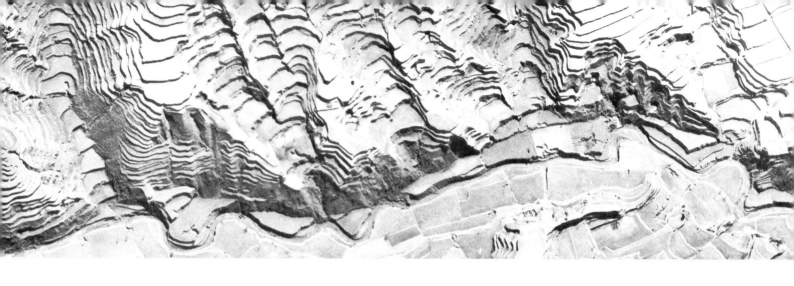

Unten: Terrassierter Berggipfel, China.

Die Wahl des Wohnsitzes

Ohne Zweifel offenbart sich die physische Freiheit des Menschen in seiner Fähigkeit, einen Platz auf Erden zu wählen, auf dem er leben will. Während eine unausgereifte Überlegung dazu tendiert, allein nach Zweckmäßigkeit zu urteilen, verlangt ein anspruchsvoller Geist seine Portion Schönheit. Weder Entbehrungen noch Gefahren werden ihn davon abhalten, sich eine Stelle auszusuchen, deren herrliche Landschaft ihn mit Begeisterung erfüllt.

Phira, die Hauptstadt von *Thera* (Santorin), eines kleinen griechischen Archipels, ist eine Art Logensitz im Schauspielhaus der Schöpfung. Sie erhebt sich etwa 200 m über dem kleinen Hafen am Rande eines alten vulkanischen Kraters; man kann sich kein besseres Beispiel wünschen, um die ursprüngliche Bedeutung von *uptown* und *downtown* (von oberem und unterem Stadtteil) zu veranschaulichen. Obzwar periodisch von Erdbeben zerstört, wurde die Insel niemals verlassen.

Architektonische Raubvogelnester

Bevor sie in die prosaischen Aufgaben ihres auserwählten Berufes eingeweiht werden, gibt man Architekturstudenten Probleme zu lösen, in denen sie Bauplätze wie diese in Angriff nehmen müssen. Es ist die einmalige Gelegenheit in ihrer Laufbahn, wenn auch nur auf dem Papier, die Begeisterung kennenzulernen, die die Zusammenarbeit mit dem Großmut der Natur mit sich bringt, wo sie sich am großmütigsten zeigt.

Gegenüber: *Meteora*, eine aus der Gruppe von Einsiedler-Festungen, in der Nähe von Trikkala im Norden Griechenlands, die seit 800 Jahren bewohnt sind. Zutritt wurde einst erlangt, indem man in einem Korb hochgezogen wurde – das Vorbild unserer Fahrstühle. Oben: Der *Peñón de Alhucemas*, eine von drei kleinen Inseln, welche die marokkanische Küste südöstlich von Ceuta bewachen. Mit ihren Türmchen und Geschützstellungen gleicht sie einer Art stationärem Schlachtschiff. Unten: In der spanischen Provinz von Castellón liegt das ähnlich gestaltete *Pēniscola* mit dem Blick aufs Mittelmeer. Eine schmale Sandbank verbindet es auf waghalsige Weise mit dem Festland.

Italienische Bergstädte

Der Gedanke, daß der moderne Mensch in anachronistischen Gemeinden wie dieser leben könnte, müßte absurd erscheinen, würde der Stadtbewohner sie nicht in zunehmendem Maße als Zufluchtsort benützen. Menschen, die noch nicht zum Anhängsel ihrer Automobile geworden sind, finden an diesen Plätzen einen Jungbrunnen.

Positano (rechts) verwandelte sich innerhalb einiger Jahre aus einem einfachen Fischerdorf – vor etwa 500 Jahren war es ein wichtiger Hafen – in einen luxuriösen Erholungsort, ohne die örtliche Architektur zu zerstören. Gegenüber: Anticoli Corrado, in den Sabinischen Bergen nahe von Rom.

Vorbildliche Bergstädte

Mojácar, in der Provinz von Almería, war bis Anfang der sechziger Jahre eine der eindrucksvollsten spanischen Bergstädte, bis der Tourismus sie erfaßte. Die auf den Fotografien gezeigten Häuser wurden niedergerissen oder sollen niedergerissen werden, um Platz für Parkplätze oder Hotels, Miethäuser und Villen zu schaffen, alle in falscher Nachahmung der lokalen Bauweise geplant.
Unten: Das Panorama von Mojácar. Das Mittelmeer ist in der oberen rechten Ecke zu erkennen.
Links: Eine Nahaufnahme der Stadt.

Die Dogon als Klippenbewohner

Unter den sudanesischen Stämmen ist der der Dogon einer der bekanntesten, mehr ihrer Kunst als ihrer Architektur wegen. Zirka eine Viertelmillion zählend, leben sie am Rande des Plateaus von Bandiagara, südlich von Tombouctou. Die Fotografien zeigen eines der Dörfer, die auf den von hohen Klippen gefallenen Felsen gebaut wurden. Was auf den ersten Blick wie Trümmer aussieht (unten), ist eine Mischung von Behausungen mit flachen Dächern und strohgedeckten Häusern.

41

Das Fehlen großer Gebäude, Fahrzeuge und sogar Straßen könnte auf barbarische Zustände schließen lassen, hätten nicht umfassende ethnographische Untersuchungen herausgefunden, daß es sich hier um eine hochentwickelte Kultur handelt. Die Architektur der Dogon ist der Ausdruck gemeinschaftlicher Organisierung; ihre religiös inspirierten Skulpturen zählen zu den besten in der afrikanischen Kunst. Typische Themen sind menschliche, aus Baumstämmen geschnitzte Figuren, die einen wesentlichen Bestandteil der Architektur bilden (siehe Abb. 156).

Wasser-Architektur
Die Nähe zum Wasser, ob Fluß, See oder Meer, hat für die Menschen seit jeher eine wichtige Rolle bei der Wahl des Ansiedlungsortes einer Gemeinde gespielt. Im Orient leben Millionen Menschen beinahe wie Wasservögel mehr oder weniger ständig auf dem Wasser. Unten: Hausboote auf einem Wasserlauf in Shanghai, nicht weit von seiner Mündung in den Wan-Pu-Fluß. Die Vorteile dieses Ortes sind klar: die Wasserwege brauchen niemals zwecks teurer Reparaturen aufgerissen zu werden, Abflußrohre verstopfen sich nicht, und ein Bad ist zu jeder beliebigen Stunde bereit. Die Ausdehnung der Wasserfläche gewährt Kühlung während der heißen Jahreszeit.

© NATIONAL GEOGRAPHIC SOCIETY

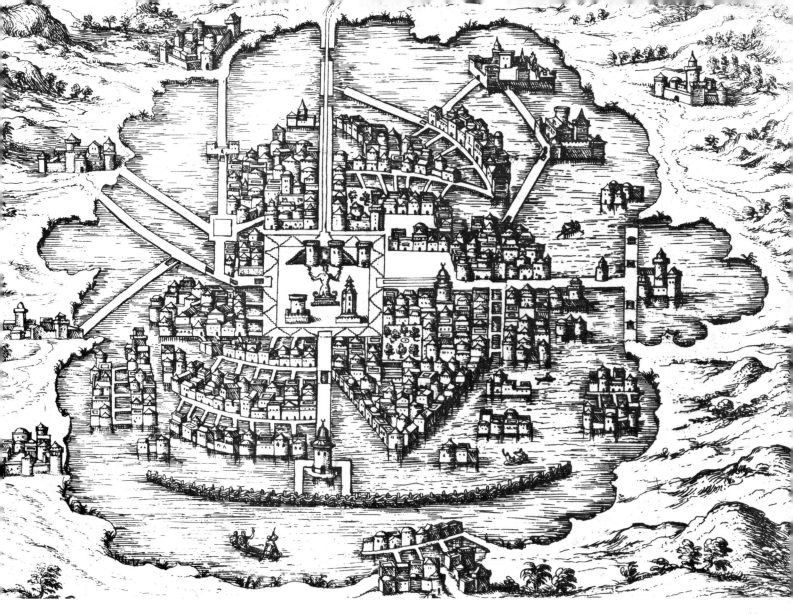

43

Nach dem oben abgebildeten Stich zu schließen, glich das vor-kolumbianische Mexico City einer kleineren Ausgabe von Venedig. Die Häuser schauten auf das Wasser, die Gäßchen waren eng, obwohl der Hauptplatz geräumig erscheint. Die Stadt sowie der See verschwanden ohne jede Spur. Dasselbe hätte auch Venedig passieren können, hätte man der Verschlammung seiner Kanäle und Lagunen nicht entgegengewirkt. Die Venezianer aber bewahrten hartnäckig ihre natürliche Verteidigung und sind daher tausend Jahre lang vom Eindringen fremder Armeen verschont geblieben.

Nomadische Architektur
Zelte und Pavillons, »die prachtvollen Strukturen, die jahrtausendelang der Stolz der Monarchen Westasiens waren, Gebilde von ungeheurer Größe, sehr kostbar und oft von außergewöhnlicher Schönheit, wenn auch nicht immerwährend« wurden von Kunsthistorikern niemals ernstlich als Architektur betrachtet, klagt der Historiker Arthur Upham Pope. Das chinesische Gemälde (unten) ist mehr als nur ein Hinweis auf die zufriedenstellende Kombination von Einfachheit und Prunk. Die geometrischen seidenen Schirme, in rechten Winkeln zusammengesetzt, verleihen dem öden Lagerplatz eine gewisse Erhabenheit. Oben und auf der gegenüberliegenden Seite unten: ein Nomadenlager auf dem Aghdir-Plateau im Mittleren Atlas. Die Zelte wurden aus schwarzer Ziegenwolle hergestellt.

44

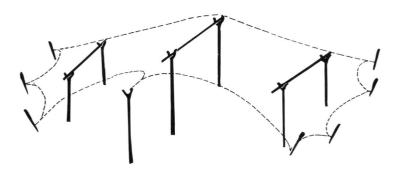

Das Diagramm einer Zeltstruktur (rechts) ist von J. Chapelle, *Nomades noirs du Sahara*.

46

47

Vorzeitliche Formen
Hier hat weder die Natur kegelförmige Häuser imitiert noch der Mensch kegelförmige Felsen kopiert: Die vulkanischen Formationen in dem anatolischen Tal von Göreme (oben) wurden von Wind und Wasser abgeschürft. Unabhängig davon, ob die stilisierten Formen möglicherweise Häuser andeuten, mußten die vielen Spalten, Löcher und Höhlen, die sich in dem weichen Gestein gebildet hatten, nur vergrößert und geglättet werden, um die Stätte wohnbar zu machen. Der Platz war gerade richtig für Menschen mit einem Bedürfnis nach Abgeschiedenheit, und während des 7. Jahrhunderts n. Chr. lebten hier nicht weniger als 30.000 männliche und weibliche Einsiedler in klösterlicher Gemeinschaft. Den Zugang zu den tausenden von Räumen, Kirchen und Kapellen verschaffte man sich damals, und oft auch noch heute, mit Hilfe einer Strickleiter.

Bauernhäuser, Trulli genannt (unten), tüpfeln die Mandel- und Olivenhaine im südlichen Apulien. Sie sind aus ringförmigen Steinschichten gebaut, die in einer falschen Kegelkuppel enden, und von einem Schlußstein gekrönt. Als die archaische Hausform einer frühen steinzeitlichen Zivilisation sind Trulli mit den balearischen *talyots*, den sardinischen *nuraghi* und den *sesi* von Pantelleria verwandt. Obwohl ein Dutzend Völker durchs Land gezogen ist, hat dieser Typus seit dem zweiten Jahrtausend v. Chr. fast ohne jegliche Veränderung überlebt. Bis heute leisten sie ihren Bewohnern gute Dienste.

Diese großartige Festung in Göreme, die durch Naturkräfte geformt wurde und ziemlich bedrohlich aussieht, ist nichts weiter als ein Taubenschlag. Das ganze Bollwerk ist weiß – die Stufen (ganz links im Bild) sehen aus wie Fußspuren im Schnee – während die von Menschenhand geschaffenen Schlupflöcher für die Tauben rot und orange bemalt sind.

Architektonische Nachahmung
Zwei Architekturbeispiele, in denen ein von Menschen geschaffenes Werk mit der natürlichen Umgebung verschmilzt, wobei eine Synthese bodenständiger und organischer Formen entsteht. Unten: Dächer mit skulpturartigen Rauchfängen, die für die ägäischen Inseln charakteristisch sind. Gegenüber: Der Eckteil einer Burg in Sotalba in der Provinz von Avila, am Fuße der Sierra de Peñalgüete.

Städtestrukturen

Zwei verschiedene Stadtbilder werden durch das nahezu pointillistische Muster von Zanzibar (links) und die aufgelockerte geometrische Form von Marrakesch (rechts) repräsentiert. Ein wesentlicher Teil der Stadt Zanzibar hat seinen Dorfcharakter mit den separaten, alleinstehenden Hütten bewahrt. Die Straßen, oder wie immer man die leer gelassenen Zwischenräume nennen will, verlaufen unberechenbar wie Regentropfen auf einer Fensterscheibe. Marrakesch ist das Musterbeispiel einer islamischen Stadt mit ihren viereckigen Häusern, die um Innenhöfe angeordnet sind. Es gibt keine Verkehrsstraßen; die kühlen engen Gäßchen mit unterbrochenem Verlauf erweisen sich oft als Sackgassen.

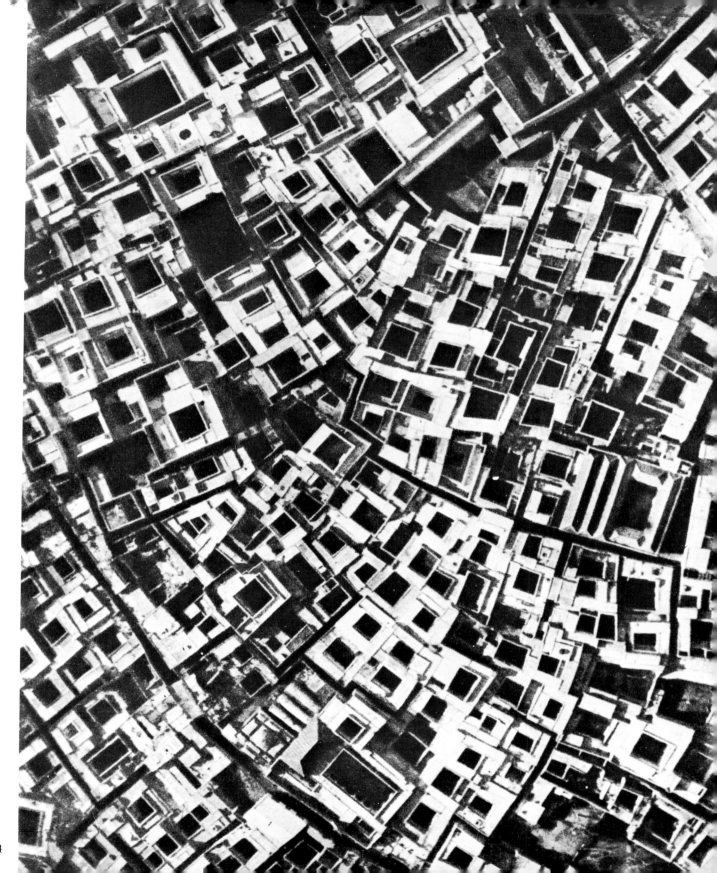

Einheits-Architektur

Die Verwendung einer einzigen Bauform führt nicht unbedingt zu Eintönigkeit. Unregelmäßigkeiten im Gelände sowie Abweichungen von den standardisierten Maßeinheiten ergeben kleine Variationen, wodurch ein perfektes Gleichgewicht zwischen Einheit und Unterschiedlichkeit entsteht. Rechts oben und unten: die spanischen Städte Mijas und Villa Hermosa; gegenüber: das italienische Pisticci.

55

57

Die klassische Volksbaukunst

Die wilde Natur scheint die Schöpferkraft des Menschen anzuregen. Diese beachtenswerte Stadt, deren Einwohner gleichsam auf einem Vulkan leben, ist dafür ein gutes Beispiel. Apanomeria ist am Rande eines Kraters gebaut auf den Überresten eines Vulkans, der in vorgeschichtlicher Zeit ausgebrochen ist. Die Häuser, die sich strahlend weiß von der Menge dunkler Felsen abheben, stellen eine Art endloser Struktur dar.

In den zwanziger Jahren, als diese Fotografie gemacht wurde, war auch hier die kommerzielle Architektur im Vormarsch (siehe oben rechts). Die Formen der alten Häuser im Vordergrund sind, dem Stil der örtlichen Tradition gemäß, dem Zufall genausowenig überlassen wie die Stimmführung einer Fuge. Alle sind sie Variationen einer einzigen Bauart: die gewölbte Zelle. Sie brauchen keine Innentreppen, da jedes Zimmer nur von außen zugänglich ist. Die kleinen Fenster erweisen sich als vollkommen ausreichend, weil Mauern und Decke, oft auch der Fußboden, weiß getüncht sind und das Licht reflektieren. Keine übergroßen Gebäude stören die allgemeine Harmonie; sogar die vielen Kirchen und Kapellen schließen sich dem einheimischen Charakter an.

Festungen
Es wirft ein merkwürdiges Licht auf unsere Architektur, um nicht zu sagen auf unsere Zivilisation, daß erwachsene Leute angeblich über das aufregende ästhetische Erlebnis, das von einem »split-level«-Haus ausgeht, in Verzückung geraten. Dies legt nahe, daß wir eigentlich unfähig sind, bei unseren bescheidenen Höhenflügen architektonischer Vorstellungskraft den Boden zu verlassen. Da wir niemals Gelegenheit haben, uns einen Weg durch einen phantasievoll geplanten Raum zu bahnen, können wir uns wohl nicht gut ein Urteil über die hier gezeigte Architektur anmaßen. Dennoch deuten sogar die bescheidenen Amateuraufnahmen auf einige ihrer Reize hin. Der Zauber von Labyrinthen und geheimen Räumen, von dunklen Gängen und schwindelerregenden Treppenläufen – all die ewig geheimnisvollen Eigenschaften eines umschlossenen Raums werden hier vermittelt, ohne ihre Wirkung durch die Übertragung in ein architektonisches Idiom, das gleichzeitig komplex und kristallklar ist, zu verlieren. Diese Architektur, weder Haus noch Stadt, vielmehr eine Synthese beider, wurde von Menschen erdacht, die aus innerer Überzeugung und unverbildeter Vorstellungskraft bauen. Oben und auf der Seite gegenüber: Wüstenfestungen im südlichen Marokko.

Familien-Festungen

Noch vor einigen hundert Jahren strotzten die Silhouetten vieler europäischer und asiatischer Städte von schlanken prismatischen Türmen. Es war sowohl würdevoller als auch ästhetischer, Kriege innerhalb der Mauern vom günstigsten Standpunkt einer geeigneten Architektur aus zu führen, statt von Dächern oder auf Straßen, wie es heute üblich ist.

Gegenüber: Zwei der ursprünglichen zweihundert Türme von Bologna. Der *Torre Asinelli* (links) (98,5 m hoch) datiert aus dem Jahr 1109. Der unvollendete *Torre Garisenda* (rechts), ein Jahr später erbaut, ist 2,5 m geneigt.

Oben: Eine Ansicht von Vatheia, eines von mehreren befestigten Dörfern am Peloponnes.

Unten: Eine jemenitische Stadt mit ähnlicher Silhouette.

Die befestigten Dörfer von Swanetien

Vatheia (auf der vorhergehenden Seite) ähnlich sind diese Dörfer in Swanetien – einem hochgelegenen Tal im westlichen Kaukasus – von Türmen beschützt. Bis vor kurzer Zeit mußte jede Familie ihr Verteidigungsbudget selbst bestreiten, da noch in der zweiten Hälfte des 19. Jahrhunderts Fehde und Blutrache unkontrolliert wüteten. »Die kleinen Befestigungen, in denen jede Familie lebt«, bemerkt William O. Field, ein amerikanischer Gletscherforscher, der dieses Tal in den zwanziger Jahren besuchte, »datieren aus einer Zeit vor dem 12. Jahrhundert. Die äußere Erscheinungsform des Landes hat sich nur wenig verändert, und die Türme und Burgen bleiben über die ganze Landschaft verstreut, manchmal einzeln, manchmal in Gruppen von fünfzig oder sechzig.«

65

66

Arkaden

Arkaden sind Architektur gewordene Nächstenliebe – Privateigentum, das einer ganzen Gemeinde gewidmet wird.

Oben: Arkaden in Bern, die bis ins 16. Jahrhundert zurückreichen.

Unten: Eine Straße in Aibar, in der spanischen Provinz Navarra. Die Stadt hat ihre mittelalterliche Form bewahrt; einige der Straßen sind von Arkaden aus Holz oder Stein umrahmt, viele Häuser haben noch gotische Portale.

Oben: Arkaden entlang einer Herberge am Kap Espichel in Portugal. Unten: Arkaden, die einen Platz in Monpazier (Dordogne) auf allen vier Seiten umgeben.

Arkaden, Fortsetzung

Das Verschwinden alter Annehmlichkeiten und Privilegien ist das erste unverkennbare Zeichen des Fortschritts. Während jede spanische Stadt und jedes Dorf sich vor weniger als hundert Jahren seiner überdachten Gehsteige entlang der Straßen rühmen konnten, verschwinden sie heute immer rascher.

Oben: Zwei Seiten des Hauptplatzes der Stadt Garrovillas im westlichen Spanien. Rechts unten: Eine Nahaufnahme der Straßenkreuzung, die oben rechts abgebildet ist. Sie zeigt, wie ein einfaches Schema, frei angewandt, einen subtilen, aber vor allem anziehenden Platz schaffen kann.

Links unten: Eine Straße in Caldas de Reyes in Spanien, die von den Arkaden zu einem engen Gang reduziert wurde.

73

Arkaden, Fortsetzung

Die alte mährische Stadt Tĕlc in der Tschechoslowakei besteht hauptsächlich aus zwei monumentalen Reihen von Patrizierhäusern, die auf einer Seite an den Hauptplatz und auf der anderen Seite an Teiche grenzen. Jedes Haus hat auf diese Weise je einen städtischen und einen ländlichen Teil, welch letzterer in einen Garten mündet. Der Hauptplatz bildet die einzige Verkehrsader. Er ist in seiner ganzen Länge von Arkaden umsäumt.

Oben und unten: Die Häuserreihen mit ihren arkadierten Giebelwänden. Auf der gegenüberliegenden Seite: Die Innenansicht einer Arkade – eine ländliche Ausgabe der Rue Rivoli.

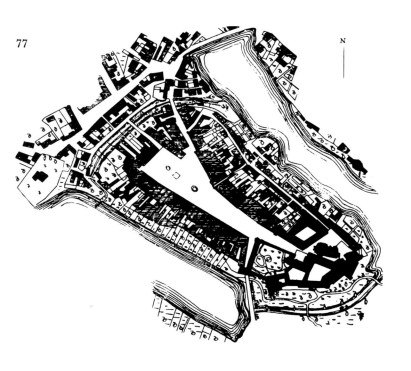

77

78

Überdachte Straßen

Die drei in Zwielicht getauchten Räume mögen dem Stadtbewohner Schrecken einjagen, weil er sie automatisch mit unbeschreiblichen Verbrechen in Verbindung bringt. In unterentwickelten Ländern sind solche Straßen jedoch gewöhnlich so sicher wie eine Kirche während der Messe. Obwohl sie für die Einheimischen nichts Außergewöhnliches sind, erscheinen sie uns unwirklich, da sie frei von Gehsteigen, Verkehrslichtern, geparkten Autos und Reihen von Mülleimern sind, alles Dinge, die wir als Merkmale höherer Zivilisation hinnehmen.

80 Auf dem Bild oben eine Straße in Benabarre, Spanien, und unten eine Straße in Gubbio, Italien. Auf der gegenüberliegenden Seite eine Straße in der Oase Kharga, in der libyschen Wüste.

Fotografien können den tatsächlichen Eindruck, der beim Durchschreiten von komplizierten Raumgebilden alle Sinne erfaßt, nur andeuten: Lichtstrahlen, die die Finsternis durchdringen, Wellen von Kühle und Wärme, das Echo der eigenen Schritte, der Geruch von sonnengebackenen Steinen. Die Summe dieser Eindrücke wird zu einem ästhetischen Erlebnis, das, so bescheiden es auch sein mag, uns für gewöhnlich versagt ist.

Halbbedeckte Straßen

Weniger robust, dafür luftiger und heiterer als Arkaden sind die spitzenartig durchbrochenen Dächer, die der Reiz orientalischer Straßen und Höfe sind. Ihre Schattenspiele kommen auf einfache Weise zustande: Baldachine aus Lattenwerk, Matten, Netze oder Kletterpflanzen, geschickt eingesetzt, destillieren das grelle Sonnenlicht zu einer Art optischen Likörs.

Alle Beispiele stammen aus Afrika, mit Ausnahme des letzten der kleinen Bilder, das *toldos*, mit Hilfe von Schnüren verstellbare Sonnensegel, über eine Straße in Sevilla gespannt, zeigt.

84

85

86

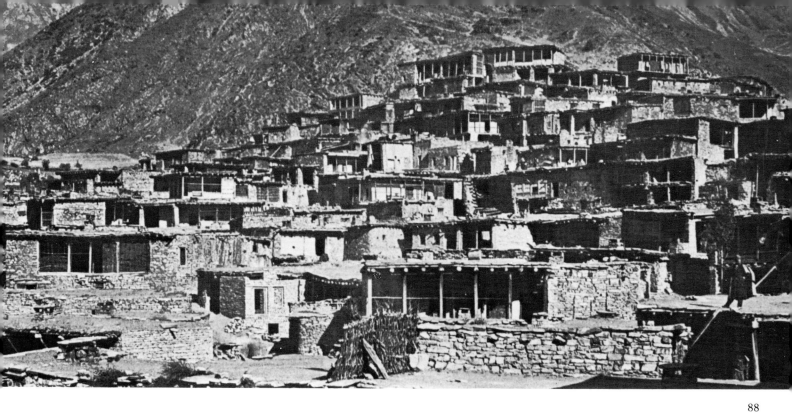

Loggia

Die Loggia, ein alter Bestandteil volkstümlicher Architektur, umfaßt die ganze Skala von überdachten Gängen, mehr oder weniger geschützten Balkonen und Galerien bis zu Säulenhallen.

Auf der Abbildung links: Ein Flügel des griechischen Klosters Simopetra auf dem Berg Athos. Oben: Panorama von Aul Shreck im Kaukasus. Unten: Häuser auf dem Hauptplatz von Chinchon, in der Nähe von Madrid, deren Loggien gelegentlich bei Stierkämpfen als Theaterlogen dienen.

Quasisakrale Architektur

Zu den am wenigsten bekannten Formen ländlicher Architektur gehören die Kornspeicher in der spanischen Provinz Galizien, der nordwestlichen Ecke der Iberischen Halbinsel. Die Einwohner dieser Gegend stammen von den Kelten ab, die den Kontinent um 500 v. Chr. eroberten. Ihre derben, kreisförmigen Steinhütten kann man noch immer in den Berggegenden finden. Es sind aber vor allem die *horreos*, die Getreidekammern, die unsere Beachtung verdienen. Für die Ewigkeit gebaut und nichts ähnlicher als den auf Pfählen gebauten Kapellen *à pilotis*, fallen sie wegen ihrer strengen Linien auf. Solch würdevolle Erscheinung kann keineswegs bloßer Zufall sein – die meisten Bauern haben einen religiösen Respekt vor Brot und dem, woraus es gemacht ist.

Ein *horreo*, aus großen Granitplatten zusammengesetzt, ist feuerfest und schützt vor Schädlingen. Er steht auf Pfeilern, oben mit kreisförmigen Steinen gekrönt, die zur Rattenabwehr dienen und übrigens auch die Vorläufer des klassischen Kapitells sind. Die Lücken in den Mauern sorgen für Luftzufuhr. Der Volksglaube besagt, daß die *horreos* in der Nacht spazieren gehen.

91

92

Kornspeicher, Fortsetzung

Kulturelle Beziehungen zwischen dem nördlichen Portugal und dem übrigen Teil des Landes waren niemals so stark wie mit Galizien, der benachbarten Provinz Spaniens. Es soll uns auch nicht verwundern, daß *horreos* ihr perfektes Gegenstück in den portugiesischen *espigueiros* haben. In der ländlichen Gemeinde Lindoso, wo die Ernte ein gemeinsames Unternehmen ist, sind diese Kornspeicher eine vorherrschende Erscheinung. Sie wurden auf einen bevorzugten Platz gebaut – um den Wind zur Lüftung auszunutzen und im Fall einer Invasion den Transport des Getreides zu der Burg zu erleichtern.

Unten: Der Blick von der Burg auf die Kornspeicher. Sie stehen auf natürlichen Granitterrassen, die als Tennen dienen.

93

94

Kleine Kornspeicher

Diese Miniatur-Silos stammen aus Yenegandougou (oben), Korhogo (unten) und Diebougou (ganz rechts auf der gegenüberliegenden Seite), den oberen Bereichen des Volta-Flusses (Elfenbeinküste), ca. 640 km vom Meer entfernt. Das vierte Bild (gegenüberliegende Seite oben) zeigt einen sudanesischen Typus.

Während der langbeinige Unterbau der iberischen steinernen Kornspeicher den volkstümlichen Glauben in deren nächtliche Eskapaden hervorgerufen haben mag, läßt die dickbäuchige Form dieser afrikanischen Lagerhäuser auf nichts mehr als einen Hang zum Tanzen schließen. Ihr menschenähnlicher Charakter wird durch Verzierungen, wie das obige Gesicht, noch zusätzlich unterstrichen.

Lagertürme
Die Kornspeicher der Dogon (siehe Abb. 40, 41) im ehemaligen französischen Sudan sind kaum weniger monumental als jene in Galizien oder Libyen. Beide, die viereckigen Türme (oben) in Bandiagara, und die stalagmitischen Säulen (gegenüberliegende Seite) in der Nähe von Mopti nützen die felsigen Überhänge zu ihrem Vorteil.

Lagerfestungen
Während die einzelnen Kornspeicher in Lindoso (siehe Abb. 93, 94) aus Sicherheitsgründen in der Nähe der Burg untergebracht sind, werden in Libya Cabao die Lagerhäuser selbst zu einer Burg. Die Stufen, die zu den oberen Stockwerken führen, weisen eine ästhetische Verwandtschaft mit jenem einzigartigen Merkmal amerikanischer Volksarchitektur, der außen an den Häusern angebrachten Feuerleiter, auf.

Düngerfabriken
In der westlichen Welt rangieren die Tauben irgendwo unter den Schädlingen, wie Hausfliegen und Zecken; gleich, ob als lästig oder als gefährlich empfunden, würde man sie lieber aussterben sehen. Nicht so in östlichen Ländern, wo das Taubenvolk hoch geschätzt wird; ihre Exkremente werden in besonderen Türmchen gesammelt, die nach dem Prinzip einer Sparbüchse funktionieren. Wenn sie voll sind, werden sie zerschlagen und ihr wertvoller Inhalt nutzbar gemacht.

Auf der Abbildung links: Eine Reihe von Taubentürmen in Lindjan nahe Isfahan. Oben und unten rechts: Taubenschläge im Niltal.

Maschinenbau ohne Ingenieure

Einige der Vorrichtungen der primitiven Technologie mögen von heutigen Technikern verachtet werden, doch kommen moderne Maschinen nicht an ihren Charme heran. Das zeitlose syrische Wasserrad hebt Wasser aus dem Orontes in die Wasserleitungen für die Häuser und Gärten von Hama. Das Rad ist 19,5 m hoch und spielt als gigantische, bewegliche Skulptur eine zweifache Rolle – eine Kreuzung zwischen Riesenrad und Sprungbrett – der Jugend von Hama zur Freude.

© NATIONAL GEOGRAPHIC SOCIETY

107

108

Pfahlbauten

Pfahlbauten übten einen besonderen Reiz auf die Väter der modernen Architektur aus, die sich diesen Typus als *architecture à pilotis* zu eigen machten. Sie wurden jedoch nie für praktische Zwecke verwendet.

Da die einfachen Baumeister realistischer sind, leben sie schon längst in ihren im Schutz des Daches gelegenen Wohnungen. Beispiele aus drei Kontinenten illustrieren die Anwendung von erhöhten Ebenen. Die einfachste Art ist eine Anlage für den Fischfang, wie man sie sowohl in Vieste, Italien (gegenüberliegende Seite oben), als auch in Kisangani, Zaire (gegenüberliegende Seite unten) findet.

Oben: Das ganze chinesische Dorf von Ho Keou in der Provinz Yunnan ist auf Pfählen oberhalb der Hochwassergrenze gebaut. Unten: Ein Baumhaus im Dorf von Buyay am Clarence-Berg, Neuguinea.

Skelett-Architektur

»An den Hängen steil überm See leuchten den ganzen Sommer über die Reihen nackter Pfeiler aus dem grünen Laubwerk wie Tempelreste. Weiße, vierkantige Mauerpfeiler, verloren in ihren rechtwinkeligen Kolonnaden, verstreut über die Hänge wie die letzten Spuren einer großen Rasse eines vergessenen Kults.« Bezeichnenderweise war es ein Dichter und nicht ein Architekt, der den Reiz dieser exotischen Architektur entdeckte. Im Jahre 1912 lebte D. H. Lawrence am Gardasee. Dort verfaßte er den Essay »Am Gardasee«, worin ein Kapitel den »Zitronengärten« gewidmet ist.

Die *limonaie* bilden terrassierte Labyrinthe, die von hohen Steinmauern umgeben sind und von wilden Hunden bewacht werden. Während der Wintermonate sind die Zitronenbäume – worunter einige schon seit 150 Jahren Früchte tragen – durch Dächer aus Holzbrettern und Glasplatten, die zwischen die 12 m hohen Säulen geschoben werden, vor Kälte und Schnee geschützt. Die Fotografien, im Sommer gemacht, zeigen die einfachen Treibhäuser ohne Dächer und Mauern.

Die Klimaanlagen von Haiderabad Sindh
Diese ungewöhnlichen Dachlandschaften sind ein auffallendes Merkmal des unteren Sindh-Gebietes im westlichen Pakistan. Von April bis Juni reichen die Temperaturen bis 50 Grad Celsius, die von einer Nachmittagsbrise auf angenehme 35 Grad gesenkt werden. Um den Wind in alle Häuser zu leiten, sind »bad-gir«, Windfänge, auf den Dächern angebracht, je einer pro Raum. Da der Wind immer aus derselben Richtung kommt, ist die Stellung der Windfänge für immer festgelegt. In mehrstöckigen Häusern reichen sie bis ganz hinunter und dienen obendrein als internes Telefon. Obwohl der Ursprung dieser Vorrichtung unbekannt ist, ist sie schon seit mindestens fünfhundert Jahren in Verwendung.

113

114

115

Himmels-Architektur

Einige der eindrucksvollsten Beispiele abstrakter Architektur befinden sich in Jaipur, Indien: Es sind gigantische, astronomische Instrumente, die im 18. Jahrhundert nach den Plänen von Maharadscha Sawai Jai Singh II. gebaut wurden. Bei der Gewinnung astronomischer Daten erhoffte man sich von ihnen eine größere Genauigkeit als von den tragbaren Messinggeräten. Da sie jedoch diese Erwartungen nie erfüllten, vertreten sie den seltenen Fall von reiner oder nahezu reiner Architektur, die an keine Funktion gebunden ist.

Auf den beiden Abbildungen links und rechts oben: das »überragendste Instrument«, Samrat Yantra, sowie ein Dutzend ähnlicher kleinerer Strukturen.

Rechts unten: Eine von mehreren hundert in kleinerem Maßstab gebauten Wetterwarten in dem portugiesischen Fischerdorf Olhão. Sie sind das örtliche Gegenstück zu unseren begehbaren Dächern.

117

118

Symbolische Volksbaukunst

Nur in unserer Zeit werden Türme für Gewinn und Wucher gebaut. Früher hatten Türme meistens nur symbolischen Charakter. Abgesehen von funktionellen Verteidigungstürmen lösten sie für gewöhnlich religiöse Gefühle aus: Glaube, Hoffnung, Trauer und dergleichen. Turmspitzen, Minarette und Pagoden waren oder sind wesentliche Bestandteile von Gebäuden, um Gebete auszuschicken. Nur der berüchtigte Turm von Babel drückt auf unerklärliche Weise Gotteslästerung aus.

119

Von links nach rechts: Der Turm von Samarra im Irak, vor elfhundert Jahren gebaut. Die 43 m hohe Besteigung muß ohne Hilfe eines Geländers unternommen werden.

Das dreizehnhundert Jahre alte turmartige Grabmahl von *Shakh Shibab al Din 'Umar al-Suhawardi* in Bagdad.

Der Ardmore-Turm im Waterford County, Irland.

120
121

122

123

© NATIONAL GEOGRAPHIC SOCIETY

Ungeschmückte Burgen
Die Väter der modernen Architektur haben mehr als einen Fingerzeig von den spanischen Burgen bekommen. Zweckmäßig, einfach und auffallend frei von Details im Stil der Zuckerbäckerschlösser besteht die Masse dieser Befestigungen hauptsächlich aus kubischen und zylindrischen Formen.

Oben: Montealegre, Provinz Valladolid. Links oben: Villarejo de Salvanés, nahe Madrid. Links unten: Eine primitive Form einer Festung im Swāt-Gebiet, an der nordwestlichen Grenze von Westpakistan.

125

126

Gras-Strukturen

Bodenständige Baumethoden zeugen oft von großer Kühnheit und Eleganz. Das emporstrebende Gerüst (links abgebildet) für ein Männerversammlungshaus in Maipua, im Golf von Neuguinea, ist aus Bambusstangen gemacht und wird mit Stroh gedeckt werden. (Bambus ist kein Baum, sondern eine Grasart, die eine Höhe von 25 m erreichen kann.) Eine weitere phantasievolle Bambusstruktur ist in Abb. 153 zu sehen.

127

128

Rechts abgebildet sind zwei Bauphasen und das Endresultat einer Konstruktionsmethode, die im südlichen Irak angewandt wird. Das Baumaterial besteht aus Riesenschilfrohr *(fragmites communis)*; das entlang des unteren Euphrat und Tigris wächst, wo es eine Höhe von 6 m erreicht. In Bündel gebunden, wird es in den Boden gesteckt und zu parabolischen Bogen geformt. Aus gespaltenem Schilfrohr gewebte Matten dienen als Dach. Im Inneren gibt es keine Möbel; Teppiche und ein Herd zum Kaffeekochen sind die einzigen Einrichtungsgegenstände.

Das Holz in der volkstümlichen Architektur

Blockhäuser sind nicht die einzige Architektur, die aus unzersägten Baumstämmen gemacht werden kann. An den zwei hier abgebildeten Beispielen sieht man die Monumentalität des Materials, gemildert durch Eleganz. Unten: Eine Reihe von *torii*, die den Zugang zu dem Inari-Schrein in Kyoto flankieren. Ein *torii* ist eine Art eckiger Bogen, Vorsatz zu Shinto-Schreinen, unbekannten Ursprungs.

Rechts: Der Innenraum in dem Salzbergwerk in Wieliczka, Polen (11. Jahrhundert), erinnert mit seinen Strebepfeilern an die Phantasien Piranesis. Das unterirdische Labyrinth erstreckt sich über 96 km und erreicht eine Tiefe von 300 m. Sieben untereinander liegende Ebenen sind durch Treppenläufe miteinander verbunden.

Einfriedungen

Gartenmauern, Hecken und Zäune werden von Menschen, die überempfindlich gegen jede Art von Zurückgezogenheit sind, mit Argwohn betrachtet. Dennoch waren Schutzschirme jeder erdenklichen Art unbedingt erforderlich für zivilisierte Architektur. Das Luftbild von Logone-Birni im Kamerun (unten) zeigt eine solche Vielzahl von umschlossenen Außenräumen, daß die überdachten Gebäude beinahe zufällig erscheinen.

Die teilweisen Umzäunungen (rechts) sind Windschutzschirme in der Shimane-Präfektur im westlichen Japan. Um eine solide Pufferzone gegen Winter, Winde und Schneestürme zu erlangen, bringen es die Bauern fertig, Föhren in dichten L-förmigen, 15 Meter hohen Hecken wachsen zu lassen. In manchen Gegenden im Norden Japans werden während der Wintermonate Strohschirme von dieser Höhe um Häuser und manchmal um ganze Dörfer herum aufgestellt.

Ländliche Architektur
Die Luftaufnahme dieses Dorfes sambischer Hirten erinnert an das mykologische Phänomen, Hexenringe genannt, wo gewisse Pilze in perfekten Kreisen wachsen. Hier bilden tausend strohbedeckte Häuser einen Kreis um den umzäunten Sitz des Häuptlings, der aus den vielen Hütten seiner Frauen besteht. Die größte Hütte gehört seiner Lieblingsfrau, während er selbst nach ausländischer Sitte in einer flachdachigen Holzschachtel wohnt. Einige hundert Gehege beherbergen fünftausend Rinder.

Rechts: Ein Ausschnitt aus dem Kreis.

135

136

Geflochtene Paläste

In weniger schwerfälligen Zivilisationen als der unseren werden aus Matten geflochtene Umzäunungen als eines Königs würdig angesehen. Die frei geformten Wände (oben) schirmen den königlichen Hof von Lealui in Sambia, nördliches Zimbabwe, ab.

Links unten: Ein Haus im königlichen Viertel von Bukuba, Zaire.

Rechts unten: Detail aus dem Palast der Gerechtigkeit in Aloa Bay auf den Solomon-Inseln.

Bewegliche Architektur

Viele sogenannte primitive Völker beklagen unsere Art, mit Hab und Gut von einem Haus ins andere oder von einer Wohnung in die andere zu ziehen. Vor allem erscheint ihnen die Idee, in Räumen zu leben, die vorher von Fremden bewohnt waren, nicht weniger erniedrigend, als Secondhand-Kleider für ihre Garderobe zu kaufen. Wenn sie umziehen, so bauen sie lieber neue Häuser oder nehmen die alten mit.

Ein Umzugstag in Guinea (oben) und in Vietnam (rechts unten). Links unten: Zwei Esel, beladen mit Baubestandteilen, aus denen Hütten zusammengesetzt werden. Rendille-Nomaden aus Kenia.

Manchmal verschwimmt die Grenze zwischen Kleidung und Wohnung, wie zum Beispiel zwischen einem Regenmantel und einem Zelt. Leere Körbe (rechts oben) dienen auch zum Schutz gegen die Witterung: tragbare Dächer werden zu Regenschirmen und umgekehrt. Cherrapunji, Indien.

140

141

142

Pflanzliche Dächer

In einem milden Klima bestehen Gebäude oft aus wenig mehr als einem Dach, das gleichzeitig Sonnen- und Regenschirm ist. »Zuerst spannen wir einen Sonnenschirm auf, um Schatten auf die Erde zu werfen«, schreibt der japanische Romanschriftsteller Jun'ichirô Tanizaki, »und in dem Schatten errichteten wir ein Haus.« Von der Vielfalt der aus Pflanzenmaterial gemachten Dächer sind die drei, die hier gezeigt sind, technisch einwandfrei. Das flaumige Dach der Kirdi-Hütte (links) ist genauso ein Triumph lokaler Architektur wie das wuchtige Strohdach aus dem Sudan (unten). Das Dach mit Ohrenklappen, die bis zum Erdboden reichen (rechts), ist charakteristisch für die bodenständige Bauart in einigen Tälern der nördlichen Provinzen Japans. Im Vergleich zu manchen industriellen Bedachungsarten ist Stroh das unverwüstlichste Material, abgesehen von seiner außerordentlichen Isolationsfähigkeit gegen Hitze und Kälte, jedoch sind gute Dachdecker heute nur mehr schwer zu finden. Viele alte japanische Bauernhöfe, die früher zu ihrer natürlichen Umgebung paßten, machen sich durch ihre glänzenden neuen Blechdächer bemerkbar.

Das ursprüngliche Gewölbe
Das gewölbte Dach findet man oft in der Nähe von Höhlenwohnungen, doch wurde ihre genaue Verwandtschaft niemals richtig nachgewiesen. Das typische Haus von Thera, hier abgebildet, ist die früheste Art. Die standardisierte Wohnungseinheit besteht aus einer rechteckigen Zelle mit Tonnendach, auf die oft noch eine gleiche Einheit aufgesetzt wird. Die Fotografie rechts zeigt deutlich den Übergang von Häusern, die auf steilem Abhang stehen, zu halbunterirdischen und schließlich zu freistehenden Häusern. Manche haben ein zusätzliches flaches Dach zum Trocknen von Früchten und Gemüse (siehe auch Abb. 1). Musterbeispiele von Häusern mit gewölbten Dächern sind nicht nur auf das Ägäische Meer beschränkt, sondern können auch am Tyrrhenischen Meer gefunden werden.

Segel-Gewölbe
Gewöhnlich beurteilen wir umbauten Raum nach Anschaffungskosten oder Mietzins. Der gefühlsmäßige Eindruck wird selten beachtet, außer vielleicht in dem Wunsch nach himmlischen Höhen, ohne Rücksicht auf die Proportion des Raumes. Dies weist zumindest auf die wichtige Rolle hin, die der Deckel jedes architektonischen Behälters spielt. Vor allem gewölbte Decken scheinen ein Gefühl von Behaglichkeit hervorzurufen.

Im Iran, wo die Begriffe »Gewölbe« und »Gebäude« beinahe gleichbedeutend sind, gibt ein Stadtbild von oben gesehen die innere Gliederung jedes einzelnen Gebäudes preis. In Isfahan (unten) sind Gotteshäuser, Wohnhäuser und sogar Straßen von wollüstig gewellten Dächern bedeckt. Die diagonal über das Bild erstreckte Kuppelreihe deckt eine Bazarstraße.

149

Beide, die Karawanserei (oben) und das Teehaus (unten), befinden sich in der Stadt Qum bei Teheran. Ihre Wände sind aus Steinschutt, Gewölbe und Bogen aus Lehmziegeln. Die neun Einbuchtungen des Teehauses sind mit fünf kuppelförmigen und vier segmentierten Gewölben bedeckt, die auf vier Pfeilern und auf den Außenwänden ruhen. Die Wölbungen der Karawanserei mit 21 Buchten, von ansteigenden gegliederten Wölbungen flankiert, haben vier Pfeiler als innere Stütze, um ein Maximum an Elastizität zu bewirken. Gebläht wie ein Segel im Wind, wird auf diese Art von Gewölbe tatsächlich als *volta a vela*, Segelgewölbe, hingewiesen.

150

151

Maurer versus Architekt
»Gib einem Maurer Ziegel und Mörtel und sag ihm, er soll einen Raum überdecken und Licht hineinlassen, und das Resultat wird erstaunlich sein«, schreibt Jamshid Kooros, ein persischer Architekt, der am Massachusetts Institute of Technology studiert hat. »Innerhalb seiner Grenzen findet der Maurer unendliche Möglichkeiten zwischen Vielfältigkeit und Harmonie; der moderne Architekt hingegen, mit all dem, was ihm an Material und baulichen Systemen zur Verfügung steht, erzeugt Eintönigkeit und Dissonanz, und das im Überfluß.«

Zwei Gewölbe in der Masjid-e-Jameh in Isfahan. Wahrscheinlich aus dem 15. Jahrhundert.

Bodenständige Virtuosität
Wahrhaftig magische Effekte können oft mit bescheidenen Mitteln erzielt werden. Links: Eine japanische Laube, bestehend aus Bambusrohr und Kletterpflanzen. Unten: Die Dachwölbung einer türkischen Badeanstalt – ein Wirbel heller Sterne, in Bewegung erstarrt.
Die leuchtenden, in die Kuppel eingebetteten Scheiben sind dicke linsenartige Glasbausteine. Iznic, Türkei, osmanische Periode.

Einfärbige und vielfärbige Karyatiden

Von dieser knappen Zusammenfassung anonymer Architektur, die sich hauptsächlich mit deren weitreichenden Erscheinungsformen befaßt, darf man nicht erwarten, daß sie auf die Kostbarkeiten eingeht, die unter ihren Dächern verborgen sind. Deshalb können diese beiden Abbildungen die intime Seite dieser Architektur nur andeuten. Die anthropomorphen Pfeiler, links, stützen das Dach des Palastes von Ketou (Dahomey), der andere Pfeiler (rechts) steht in einer Gemeinschaftsherberge der Dogon (siehe 41). Vielleicht weniger unnahbar und weniger damenhaft als die *Kore* auf dem Erechtheion, stellen sie ein Bindeglied zu moderner westlicher Kunst dar. Für uns sind es Museumsstücke, in manchem prächtig unterentwickelten Land hingegen eine eher alltägliche Erscheinung.

Anmerkung zu den Illustrationen
Ein Forschungsprojekt wie jenes, das das Bildmaterial zu dem Buch lieferte, ist von außergewöhnlichen Schwierigkeiten begleitet. Mit Ausnahme der Archive europäischer anthropologischer Institute gibt es keine einschlägigen Quellen. Viele der Abbildungen wurden durch Zufall oder aus reiner Wißbegierde nach diesem Thema, die über vierzig Jahre anhielt, erworben. Methodische Reisen und langjähriger Aufenthalt in Ländern, die das Studium der Volksbaukunst ermöglichten, haben den Großteil des Materials für das Buch geliefert.

Etliche Illustrationen erreichen nicht den Standard des Berufsfotografen; die meisten stammen von begeisterten Amateuren oder wurden obskuren Publikationen entnommen (siehe Abb. 6). Angesichts der gegenwärtigen Einschränkungen auf die Bewegungsfreiheit des Staatsbürgers wäre es heute unmöglich, sich solch seltene Dokumente zu beschaffen, wie die Fotografien von Dörfern im Kaukasus, von einem amerikanischen Gletscherforscher im Jahr 1929 aufgenommen, oder die Luftaufnahmen chinesischer unterirdischer Gemeinden eines deutschen Piloten aus den frühen dreißiger Jahren zu wiederholen; beide waren überrascht, daß ihre Werke nach so langer Zeit Anerkennung fanden.

BERNARD RUDOFSKY (1905–1988), geboren in Österreich, studierte Architektur in Wien. Anschließend Aufenthalte in Berlin, auf Capri und in Mailand. 1938 Einwanderung in Argentinien und Brasilien. Als Gastprofessor an der Waseda Universität in Tokio beschäftigte er sich intensiv mit der damals noch für Japan typischen Lebensweise. Zwischen seinen Reisen lebte er in New York und Andalusien. Publikationen und Ausstellungen u. a.: »Are Clothes Modern?«, 1947 (Ausstellung im Museum of Modern Art, 1944); »Behind the Picture Window«, 1955; »Architecture Without Architects«, 1964 (Ausstellung im Museum of Modern Art, 1964); »The Kimono Mind«, 1965; »Streets for People«, 1965; »The Unfashionable Human Body«, 1973; »The Prodigious Builders«, 1977; »Now I lay me down to eat«, 1980 (Ausstellung im Cooper-Hewitt-Museum, 1980); »Sparta/ Sybaris«, 1987 (Ausstellung im Österreichischen Museum für angewandte Kunst, Wien, 1987).